L'Inventaire

de

Orne
3/6

Torchamp

(DRAME EN 3 ACTES)

ALENÇON

IMPRIMERIE ALENÇONNAISE, 11, RUE DES MARCHERIES

—

1906

L'INVENTAIRE

DE

TORCHAMP

---》》0《《---

(Drame en 3 Actes)

Premier Acte

Vendredi 2 mars, à 9 heures, était fixé l'inventaire au presbytère de Torchamp, et une demi-heure après, à l'Eglise et à la Sacristie. — Agent du fise, M. Chauvin, percepteur à Saint-Mars-d'Egrenne.

A remarquer : c'était le 1ᵉʳ vendredi du mois, et ce jour-là, on célèbre une messe solennelle en l'honneur du Sacré-Cœur, devant le Très-Saint Sacrement exposé. Les enfants qui ont fait leur première Communion doivent continuer la neuvaine commencée des neuf premiers vendredis, ainsi qu'un certain nombre d'autres personnes. Que faire pour éviter toute surprise ? On dit que la troupe va venir, que peut-être l'Eglise va être cernée ; mais on ne veut, à aucun prix, que l'Agent pénètre dans l'Eglise ou dans la Sacristie.

M. le Curé avertit les personnes intéressées que la messe, annoncée pour 7 h. 1/4, sera célébrée à 5 h. 1/2.

C'est bien matin, pour certains enfants qui habitent à une lieue du clocher et au-delà. N'importe, tout le monde, grands et petits, sont arrivés à l'heure.

Si l'Eglise eût été bloquée, le parti de M. le Curé était pris, il aurait conduit son petit troupeau à Saint-Mars-d'Egrenne (3 kil. 400).

Mais le Sacré-Cœur nous a protégés : Agent et gendarmes sont absents. Non seulement on entre à l'Eglise en paix, mais on en sort de même.

A 8. 1/4, arrivent huit gendarmes à pied. Quel honneur pour Torchamp? A qui le devons-nous? Des malins semblent le deviner et tirer des conclusions.

Cependant, une soixantaine d'hommes sont déjà là, et d'autres arrivent, avec des femmes et des enfants.

A 9 heures, plus de deux cents hommes sont présents, les *trois quarts au moins des électeurs* de la commune, et plus de cent femmes et enfants ; en tout, trois cent cinquante personnes environ, massées à la principale porte de l'Eglise. Trente ou quarante femmes sont à l'intérieur et chantent des cantiques.

Une voiture arrive de Saint - Mars ; c'est celle du Percepteur, escorté de deux autres gendarmes !!!

-- Oh! Oh! disent les habitants, dix gendarmes ! -- Que de gendarmes ! -- Nous voilà bien gardés ! -- Et la troupe? Va-t-elle venir aussi?... -- Non, ce n'est pas pour aujourd'hui !

M. Chauvin est reçu à la grande porte de l'Eglise : il n'y a rien à inventorier au presbytère.

-- Comment, c'est vous, M. Chauvin, lui dit M. le Curé ! Mais vous n'êtes pas agent des Domaines. Je proteste contre cette illégalité. Avez-vous la preuve du mandat que vous venez accomplir?

Et tout tremblant, le Percepteur lui présente sa feuille.

Alors, M. le Président de la Fabrique, Jean Lerivrain, proteste en son nom et au nom du Conseil de Fabrique contre l'inventaire sacrilège que l'on veut nous imposer, et déclare réserver tous les droits de la Fabrique et des tiers intéressés.

L'Agent se retire pour revenir dans une demi-heure. Pendant ce temps, on chante avec entrain au dehors et à l'intérieur de l'Eglise les cantiques : *Nous voulons Dieu, Je suis Chrétien*, etc. Les manifestants sont si dignes, malgré leur émotion, et si calmes que les gendarmes n'ont qu'à se promener sur la route en face de l'Eglise.

A 9 h. 1.2, l'Agent revenu, M. le Curé, d'une voix ferme et entendue de tous, lui adresse la protestation suivante :

MONSIEUR,

Chargé officiellement par l'autorité ecclésiastique des intérêts religieux et des droits sacrés de cette paroisse de Torchamp, je proteste énergiquement contre l'inventaire sacrilège que vous venez accomplir, contre cette première mesure d'exécution d'une loi fabriquée à la hâte, sans accord avec l'autorité religieuse, et brisant un contrat solennel et sacré sans le consentement de l'une des parties, d'une loi faite sous l'inspiration de la franc-maçonnerie, non pas, comme on voudrait nous le faire croire hypocritement, afin de protéger nos intérêts matériels et religieux, mais en réalité, afin de nous mieux dépouiller plus tard.

Serait-ce donc parce que, catholiques, nous sommes les citoyens les plus paisibles et les plus honorables de la république que l'on affecte, sous le manteau de la liberté, de nous traiter chez nous comme des parias et comme un vil troupeau d'esclaves ?...

Je proteste énergiquement avec l'autorité la plus sublime et la plus auguste de l'univers, avec le Souverain Pontife dont la voix infaillible flétrit comme elle le mérite la loi de séparation, et la condamne solennellement avec toutes ses conséquences lamentables et désastreuses pour notre infortunée patrie.

L'Église est séparée de l'État, soit. Alors qu'on nous laisse tranquilles dans nos églises et nos sacristies. Nous le demandons au nom du droit, de la justice la plus élémentaire et du bon sens.

Nous ne refusons pas de rendre à César, c'est-à-dire à l'État ce qui lui appartient : les impôts dont le fardeau nous écrase pourtant, mais nous refusons absolument d'abandonner à César ce qui constitue le patrimoine du bon Dieu et de l'Église, dont nous sommes et seront toujours les enfants respectueusement dévoués et à jamais fidèles.

Ce n'est pas l'État qui a bâti cette église, la sacristie, le presbytère ; c'est nous, habitants de cette paroisse, de cette commune, ce sont nos parents défunts dont les restes indignés protestent avec nous et frémissent d'horreur dans leurs tombeaux. A nous l'église et la sacristie avec tout le mobilier qu'elles renferment. C'est le fruit de nos travaux, de nos charrois, de nos sueurs, de nos économies, de nos privations, ainsi que des travaux et des dons de nos ancêtres dont nous sommes ici les représentants légitimes et les héritiers naturels.

Maintenant, Monsieur, accomplissez votre triste mandat, nous allons le subir, mais quant à l'approuver, à le faciliter, à le signer, jamais !

Nous refusons d'être vos témoins : nous ne sommes là que pour protester, et déclarer que nous réservons tous les droits de la Fabrique et des personnes intéressées.

J'exige, Monsieur, que cette protestation soit inscrite en tête de votre opération.

Em. POUPARD,

Curé de Torchamp.

2 Mars 1906.

Cette protestation vigoureuse fait une profonde impression sur les paroissiens, sur l'Agent, et même sur les gendarmes.

— Eh bien, M. le Curé, dit le Percepteur, allez-vous me permettre d'entrer?

— Attendez, Monsieur, voici la réponse du Conseil de Fabrique.

Et au nom du secrétaire, M. Leroyer, M. le Curé lit, d'une voix vibrante et accentuée, l'extrait suivant de la délibération du Conseil :

EXTRAIT de la Délibération du Conseil de Fabrique de Torchamp du 25 février 1906, signée par tous les Membres présents.

CONSIDÉRANT : 1° *que la loi dite de séparation de l'Eglise et de l'Etat, telle qu'elle a été conçue et qu'elle existe, ne renferme en elle-même aucun des caractères d'une vraie loi, caractères qui sont la justice et le bien des citoyens, mais repose uniquement sur l'arbitraire, et que, de ce fait, sous le masque hypocrite de la légalité et de la liberté de conscience, elle opprime gravement les catholiques et les gêne de mille façons dans le libre exercice de leur religion ;*

CONSIDÉRANT : 2° *que le but de cette loi fabriquée de toute pièce sur les injonctions de la franc-maçonnerie, congrégation occulte, maudite de Dieu et condamnée maintes fois par l'Eglise, but avoué par certains de ceux qui l'ont proposée et votée, francs-maçons eux-*

mêmes, est de dépouiller les fabriques, après avoir pris
connaissance des biens qu'elles possèdent pour s'en
emparer, détruire la religion de Jésus-Christ, et enfin
établir sur ses ruines et dans ses temples le culte infer-
nal du Grand Architecte de l'univers :

Considérant : 3° que les députés et les sénateurs qui
l'ont votée à la hâte, ont commis un abus de pouvoir, en
ne tenant aucun compte des réclamations et des pétitions
légitimes de 7 millions de catholiques, leurs électeurs au
même titre que la poignée de Juifs, de protestants et
surtout de francs-maçons, dont ils ont reconnu être les
prisonniers et les serviteurs dociles :

Considérant : 4° que cette loi viole le droit des gens
en brisant injustement et sans aucun motif un contrat
séculaire et sacré conclu avec la puissance la plus
auguste de l'univers :

Considérant : 5° que le Souverain Pontife, dont nous
sommes les fils très respectueux et cordialement soumis
réprouve cette loi inique et la condamne solennellement
pour tous les motifs ci-dessus et pour bien d'autres trop
longs à énumérer :

En conséquence : nous, Membres soussignés de la
Fabrique de Torchamp : Emile Poupard, curé, Jean
Lerivrain, président, Victor Launay, trésorier, Alexis
Rémon, Auguste Mottier, Emile Leroyer, secrétaire, —
conscients de nos devoirs d'honnêtes citoyens et de
catholiques, obligés en conscience, en vertu de la charge
qui nous est imposée par l'autorité ecclésiastique, de
protéger et de défendre les droits imprescriptibles de la
Fabrique, — droits sacrés qui sont ceux-mêmes de Jésus-
Christ et de son Eglise ainsi que les nôtres, nous décla-
rons nous opposer de toutes nos forces à l'exécution du
susdit inventaire, et défendre à M. le Curé, au sacris-
tain et à quiconque de livrer les clefs de l'Eglise et de la

sacristie aux Agents du fise ou de leur en ouvrir les portes.

Fait et délibéré à Torchamp, les jour, mois et an que dessus.

Pour copie conforme, Torchamp, 1er Mars 1906.

E. LEROYER,
Secrétaire.

— Non, non, vous n'aurez pas les clefs ; non, non, vous n'entrerez pas, clame la foule !

— Alors, dit M. Chauvin, je n'ai rien à faire ici ?

— N'en doutez pas, Monsieur, reprend M. le Curé.

— Au revoir, et bon voyage !

Agent et gendarmes montent en voiture et courent encore, pendant que les manifestants, toujours calmes et dignes, chantent un impressionnant *Credo*, auquel les femmes répondent à l'intérieur de l'Eglise. Et à ces mots : *Et incarnatus est*, comme à Saint-Pierre-de-Montsort, tout le monde fléchit les genoux devant la porte de l'Eglise.

Quelques instants après, on entre à l'Eglise, pour assister au Salut de réparation. M. le Curé, en quelques mots, félicite chaleureusement ses paroissiens de leur tenue irréprochable, de leur foi digne de celle de leurs ancêtres, de leur dévouement à Notre Seigneur Jésus-Christ et à sa demeure au milieu d'eux. « En vous entendant chanter votre *Credo* et le *Miserere*, s'écrie-t-il, je me croyais revenu aux joies de la Mission. C'est bien, mes amis, restez toujours vaillants catholiques, et... revenez quand on crochètera les portes de votre Eglise. »

— On y compte bien tous ; il n'y aura pas de lâches parmi nous. On n'entrera pas ; mais il faut prendre garde d'être surpris. On veille et on veillera sérieusement.

Quatre heures après, on annonce que des gendarmes

à cheval viennent avec des soldats. Vite on sonne les cloches à toute volée, et une demi-heure après, les deux cents hommes du matin, et d'autres, étaient accourus.

Ce n'était qu'une fausse alerte. Cependant, on reste sur le qui-vive jusqu'à la nuit, et il est bien convenu que jusqu'à ce que le crochetage ait lieu, les cloches resteront muettes, comme le Vendredi Saint.

Aussitôt après le départ de l'Agent et le Salut, des hommes de bonne volonté se présentent spontanément pour consolider toutes les portes de l'Eglise et les renforcer de planches, madriers, poutres, barres de fer, etc. On travaille ainsi jusqu'à la nuit, sans perdre un instant ; et le lendemain matin, on demande à M. le Curé la permission de fortifier aussi la Sacristie. Le Pasteur donne toute permission. N'est-ce pas Jésus-Christ et son Eglise que l'on défend ?

Le jour même, à midi, les travaux étaient finis. On pouvait attendre de pied ferme agent, gendarmes et soldats. Derrière la porte de la Sacristie la plus en vue, une autre porte, d'une épaisseur et d'une force de trois autres, était installée et condamnée ; et derrière l'autre, la seule demeurée libre pour accéder à la Sacristie et à l'Eglise, pouvait être installée et condamnée en une minute, les défenseurs entrés, une autre porte aussi solide que l'autre.

Deuxième Acte

1° Le dimanche 4 mars, à la première et à la grand' messe, M. le Curé félicite de nouveau ses paroissiens de leur bravoure, de leur tenue correcte, de leur foi, de leur vaillance intelligente et de leur nombre à défendre les droits de Dieu et de son Eglise, qui sont aussi les leurs. Puis, comme tous les Paroissiens n'avaient pu assister à cette grandiose manifestation de foi, les fermes ne pouvant rester sans gardiens, M. le Curé, désireux que tous les habitants aient connaissance de ce qui s'était passé, relit en chaire sa protestation et les considérants du Conseil de Fabrique.

Ensuite, en quelques mots sentis et compris, il explique pourquoi, sans qu'il s'en soit occupé, des hommes de bonne volonté ont barricadé les portes, qui resteront dans cet état jusqu'à la fin du crochetage.

« N'écoutez pas, ajoute-il, ce que vous entendrez dire autour de vous pour approuver et faire approuver l'inventaire qui, au lieu d'être une mesure de protection, comme il y en a qui le prétendent mensongèrement, n'est qu'un commencement de spoliation ou de vol. N'écoutez pas les mauvais journaux, ces journaux infects qui, sous prétexte de défendre la religion, mangent du Curé à toutes les sauces, chaque jour ; et souvenez-vous de ces paroles célèbres, écrites par un homme bien connu : « Qui mange du Pape en crève... Qui mange de l'Évêque ou du Curé en crève aussi !... » N'achetez pas ces feuilles menteuses, ne les lisez pas, envoyez promener, comme ils le méritent, ceux qui les vendent ou même les offrent. Agissant ainsi, vous ferez preuve d'intelligence, vous comprendrez vos devoirs de vrais Catholiques... Souvenez-vous des engagements que vous avez contractés à la Mission.

Voltaire, l'infâme Voltaire, écrivait jadis ; « Mentez, mentez effrontément, il en restera quelque chose. » Dans ces feuilles maudites, rédigées par les francs-maçons ou payées par eux, on ment, on ment toujours à la *Voltaire*. Ne croyez que les enseignements du Pape et de l'Église, les enseignements de votre Curé qui ne vous a jamais trompés, vous le savez bien, et qui, en vérité, continuera de vous dire la vérité et de vous défendre toujours.

On a dit, et on répète, que les inventaires seront à la charge des communes : 100 francs la première fois, si les agents se présentent sans succès ; 500 francs et davantage la deuxième fois ; 1.000 francs et davantage la troisième fois... C'est faux ! Complètement faux ! Je vous l'affirme... On ne demandera rien aux communes pour les horreurs qui s'accomplissent à l'heure présente. »

2° Mercredi matin, *7 mars*, vers *8 heures*, on entend la trompette d'alarme du côté de la gare. A l'Eglise ! A l'Eglise ! Les voilà ! M. le Curé finissait son action de grâces. Quelques personnes, plus proches ou plus promptes que les autres, cinq ou six, ou davantage, entrent avec lui dans l'Eglise, et aussitôt on barricade solidement la porte restée libre. Il était temps, les gendarmes à cheval étaient déjà arrivés et gardaient toutes les issues.

Les trois sommations sont faites. On ne les entend pas. L'agent Petit, l'illustre (?) percepteur de Lonlay, est l'exécuteur des *hautes œuvres de la franc-maçonnerie*, avec le non moins fameux Commissaire de Flers, si justement conspué dans le pays Flairien, et des gendarmes à cheval et à pied, je ne sais combien, plus un lieutenant, arrivent, avec une quarantaine de soldats. Dieu ! Quel déploiement de force pour une petite commune !

Cependant, au son des cloches, hommes et femmes sont accourus, nombreux ; et une partie, ceux qui ont pu passer entre les gendarmes et les soldats, ou par le terrain du presbytère, gardent la grande porte de l'Eglise et la porte de la Sainte Vierge.

Le cortège des crocheteurs s'avance sous les huées de la foule : Petit, et le Mòssieu de Flers avec deux soldats, volontaires, - dont l'un rouge, à figure sinistre, est reconnu par un jeune homme de la commune qui l'a gardé jadis en prison, où il était détenu pour vol au préjudice de ses camarades militaires. — Quelle porte va avoir l'honneur du crochetage ? Les braves défo urs choisissent la moins gardée, mais aussi la moins résistante : la porte du Sacré-Cœur. Décidément, l'honneur de la journée appartiendra tout entier au Sacré-Cœur. Aussi, ne sait-on pas bien que c'est Lui que l'on combat directement, et de la façon la plus hypocrite, dans cette guerre sournoise que l'on fait aux Catholiques de France.

Armés de massues et de haches, les deux licteurs français ! frappent la porte à coups redoublés. Je renonce à dépeindre, à ce moment, l'impression indescriptible des habitants, quand ils entendent les coups portés brutalement et sacrilègement à la porte de l'église de leur baptême et de leur première communion pour la plupart, à la porte de l'église où un certain nombre ont reçu la bénédiction nuptiale et où tous ont reçu tant de fois le sacrement qui pardonne et le Dieu qui veut les sauver. Aussi quels cris émus ! Quelles clameurs indignées montent jusqu'aux cieux et se répercutent au loin ! Mais rien n'arrête les malheureux licteurs.

Après vingt minutes d'efforts et de coups terribles, la porte est à jour. Petit et le Mossieu de Flers se pavanant avec son écharpe que les femmes veulent lui arracher, semblent triompher. Oh ! mais non, par exemple ; la bataille ne fait que commencer. Assaillants continuent à cogner brutalement, mais assiégés, par les trous béants de la porte, avec agenouilloirs qui volent en éclats sous les coups des haches et sont remplacés sans cesse, défendent avec une vaillance admirable pendant plus de vingt minutes leur porte en lambeaux. Honneur à ces braves !

Cependant les assaillants n'en peuvent plus ; la porte est en miettes, mais derrière elle est un madrier énorme que leurs coups fait à peine trembler ; et ce madrier est arc-bouté par une pièce de bois puissante qui lui sert de contrefort ; puis les agenouilloirs font fureur.

« Soldat, crie un des défenseurs, ta place n'est pas ici, elle est à la frontière!... Si jamais l'ennemi attaque la France, tu seras le premier à fuir comme un lâche !... Dis donc, toi, le rouge, as-tu tué père et mère pour frapper de la sorte sur la porte d'une église où il n'y a ni canons ni fusils pour la défendre ! » - - « Vive l'armée ! Vive l'armée ! » crie M. le Curé, afin de faire diversion et d'occuper les habitants qui auraient pu exposer leur vie ou celle des gendarmes.

Deux coups encore sont portés avec violence sur la porte et tombent, affirment des témoins oculaires, sur l'image du Sacré-Cœur, fixée sur la porte, et le dernier vise l'endroit même du cœur de Jésus. Le dernier panneau tombe en lambeaux ; mais comme providentiellement, la guerre finit aussitôt, cependant que M. le Curé, par l'ouverture béante, crie de toutes ses forces : « Agents, soldats, gendarmes, vous avez fait votre devoir, retirez-vous! Allez-vous en! Vous connaissez la décision du Ministre à propos de ce qui se passe dans la Haute-Loire ? Rédigez un procès-verbal de carence. C'est votre droit. M. Petit, vous avez fait votre devoir, vous serez à l'abri de toute critique vis-à-vis de vos supérieurs, et votre page sera moins laide dans l'histoire ».

Alors, le bon M. Petit, l'homme qui ne réussit nulle part, s'approche de la malheureuse porte en ruine, contre laquelle s'appuie M. le Curé, tranquille comme au confessionnal.

-- Allons, M. le Curé, pourquoi résistez-vous à la loi ? Vos confrères sont bien plus gentils que vous. M. un tel... M. un tel...

-- Monsieur, réplique le Curé, je n'ai pas à savoir de

vous ce qu'ont fait ou n'ont pas fait mes confrères. Vous n'aurez pas les clefs ; vous n'entrerez pas. Allez-vous-en !

-- Non, non, crient les habitants, vous n'entrerez pas ! Courage ! M. le Curé !

-- Mais, M. le Curé, reprend de sa voix la plus douce et en souriant, le cauteleux percepteur, l'inventaire n'est pas une vexation, c'est une simple mesure de protection en votre faveur et en faveur de vos paroissiens.

--- Que dites-vous là, Monsieur ? reprend le Curé. D'abord, je ne suis pas ici pour discuter avec vous. Mais vous savez bien que vous dites le contraire de la vérité, nos adversaires eux-mêmes, vos amis. nous en ont averti. Allez-vous-en, encore une fois !

Il fallait l'entendre crier ces paroles, le brave Curé.

-- On veut nous voler plus tard. Allez-vous-en !

— Mais, M. le Curé, vous y mettez de la violence. Vous oubliez que Jésus-Christ, votre modèle, a prêché la douceur et a dit : « Celui qui frappe par l'épée périra par l'épée ».

--- Monsieur, ne parlez pas de Jésus-Christ, répond le Curé d'un ton ferme, vous ne le connaissez pas, ni sa doctrine non plus, autrement, vous ne seriez pas ici. D'ailleurs, vous n'avez pas mission de prêcher.

— Enfin, continue le patelin Petit, le faux Jésuite Petit, le Pape ne vous a pas dit de résister à la loi ni de faire défoncer vos portes

— Monsieur, riposte vivement le Curé, le Pape condamne votre loi ; cela nous suffit. D'ailleurs, puisque vous parlez de loi, sachez que toute loi humaine, non seulement pour tout catholique, mais pour tout homme sensé, est au-dessous de la conscience. Or, notre conscience nous dit que votre loi est injuste. Notre conscience nous défend de nous y soumettre. Le cri de la conscience, Monsieur, parle plus haut que toutes les lois de France et de Navare, d'Angleterre et d'Allemagne, de

Chine et du Japon. Encore une fois, Monsieur, allez-vous en !

Et comme les clameurs de la foule redoublaient :

— Monsieur, ajoute le petit Percepteur furieux, vous êtes un révolté, nous allons vous dresser procès-verbal et à ceux qui sont dans l'église avec vous !

— Dressez tout ce que vous voudrez, je m'en moque ! *Mais, allez-vous-en ! Allez-vous-en !*

— Monsieur le Curé, répond Petit, d'un air solennel, vous dites que vous n'êtes pas un révolté, alors, calmez vos paroissiens. Est-ce qu'ils ne vous obéissent pas quand vous leur parlez?

— On obéit à M. le Curé quand il nous annonce l'Evangile, répond une voix à l'intérieur, mais nous n'obéirons pas dans la circonstance. M. le Curé ne peut pas nous imposer la soumission.

— Quoi qu'il en soit, M. Petit, réplique le Curé, je vais consulter mes paroissiens, et d'une voix plus forte : Voulez-vous, mes amis, dit-il, que nous ouvrions les portes ?

— Non, non, non ! jamais !!!

— Entendez-vous, Monsieur? répond le Curé avec calme.

— Vous voulez la guerre, Monsieur le Curé, crie l'impertinent Petit.

— Comment, je veux la guerre, répond M. le Curé d'une voix forte, je prends à témoins MM. les Gendarmes de Passais, ici présents, qui ont entendu ma protestation et qui me connaissent, je ne demande que la paix... Tout le monde le sait. Et qui donc a commencé l'attaque en fin de compte? Est-ce moi? Sont-ce mes paroissiens qui sont allés vous chercher à Domfront ce matin? Nous ne faisons que nous défendre pacifiquement. M. Petit, Monsieur le Commissaire, c'est vous sans doute qui voulez que le sang coule? Prenez garde, vous en supporterez l'un et l'autre toute la responsabilité. Encore une fois, allez-vous-en ! il est grand temps ; je ne réponds de rien. *Allez-vous-en !*

Enfin, agent, commissaire, gendarmes délibèrent, écrivent je ne sais quoi, et s'en vont du côté de Saint-Mars, sans tambour ni trompette, mais non sans être longuement et vigoureusement conspués par les manifestants qui les poursuivent jusque sur le pont de la Varenne. Alors éclatent les cris répétés : « Vive M. le Curé ! Vive le Curé de Torchamp ! — Vive Jésus-Christ ! répond le Curé. Vive le Sacré-Cœur ! »

Pendant que quelques-uns veillent au dehors, les manifestants entrent dans l'église. « Victoire ! mes amis, victoire ! s'écrie le Pasteur ». Tonnerre d'applaudissements, malgré le Saint Sacrement exposé. « Les barbares sont chassés ! Vive le Sacré-Cœur ! » (Applaudissements redoublés). « Vont-ils revenir ? On ne sait pas. Dans tous les cas, veillons encore ».

Avec quel entrain on chante le *Parce*, le *Miserere* et le *Te Deum !* Je craignais pour la voûte. Tout le monde chantait, ceux qui savaient et ceux qui ne savaient pas, et un grand nombre pleuraient en chantant.

La cérémonie terminée, chacun se retire, bien décidé à revenir si le signal d'alarme se fait entendre. Et immédiatement des hommes de bonne volonté refont et reconsolident la porte brisée avec planches et ferrures solides. Ces précautions ne seront pas inutiles.

Troisième Acte

Il n'était guère plus de cinq heures que, d'une voiture venant de Saint-Mars une personne annonce que les crocheteurs reviennent. Et au même moment, des jeunes gens de Saint-Mars, accourant à travers champs, à travers prés, — parce qu'on leur avait refusé le passage, — crient : « Les voilà ! les voilà ! »

Un certain nombre de personnes entrent vite à l'église par la sacristie dont la porte est ensuite promptement barricadée. On sonne les cloches. Malheureusement, le vent avait changé de direction ; une grande partie de la population ne les entend pas ; d'où grand regret de bon nombre d'hommes surtout qui n'attendaient que le signal pour accourir. Mais en revanche, beaucoup de personnes de Saint-Mars sont accourues. Vive Saint-Mars.

Une avalanche de gendarmes à pied et à cheval barre les passages, excepté un, gardé par une voiture en travers, chargée de fagots. Un capitaine et deux compagnies de soldats arrivent. Et tout ce monde-là n'a pas l'air commode. Songez donc, c'est le deuxième assaut de la journée donné à une petite commune comme la nôtre. Le rouge de ce matin et son acolyte sont là, furieux de voir la porte réparée. Ils cognent avec rage, pendant que les assiégés ripostent vigoureusement avec agenouilloirs, planches, barres de fer et tout ce qui leur tombe sous la main. Il n'est pas facile aux assaillants d'approcher. Les planches de la porte volent en éclats, mais une croix de saint André, en fer, fixée dans les murs, la maintient inébranlable...

On frappe à la grande porte, qui est brisée à son tour ; mais d'autres défenseurs se trouvent là, intrépides. Impossible d'entrer... et la nuit approche. Soldats, gendarmes et manifestants s'excitent mutuellement ; on n'entend que cris et menaces de toutes sortes. Certains gendarmes frappent à coup de crosse de fusil les hommes et les femmes. Une jeune fille de Saint-Mars, ayant reçu un coup de pied de la part d'un soldat, lui applique un magistral soufflet... et s'esquive.

M. le Curé, pendant ce temps, a peur d'accidents

graves. Du clocher, on l'entend crier sans cesse, pour apaiser la foule et les gens d'armes : « Trop de zèle ! Trop de zèle ! Allez-vous-en! Vive l'armée ! A bas les francs-maçons ! Vive les gens d'armes ! Vive l'armée ! A bas les délateurs ! Vive nos soldats ! » — Et la foule reprend les mêmes acclamations, les mêmes cris, et bien d'autres qu'elle formule elle-même dans sa colère sourde : « A bas Petit ! A bas le Commissaire ! A bas les casseroles! A bas les crocheteurs! A bas les voleurs! »

Cependant, il faut en finir. On va chercher une échelle de couvreur. Des hommes et des femmes, essayant de l'arracher des mains des soldats, reçoivent des coups de crosse sur les mains et sur les bras. On jette brutalement l'échelle dans le vitrail qui fait face à l'autel du Sacré-Cœur. Il vole en éclats, et pendant que les assiégés brisent un bout de l'échelle maintenue par les soldats, des gendarmes, revolver au poing, paraissent dans la fenêtre et menacent les assiégés. C'est par cette fenêtre que passe le précieux M. Petit, reçu entre les bras de deux braves pandores... Un coup de revolver est tiré dans l'Église par un des gens d'armes; il n'est perçu que par deux ou trois personnes à l'intérieur, tellement les cris sont violents de part et d'autre.

Au bruit du vitrail défoncé, M. le Curé accourt et aperçoit quatre ou cinq gendarmes, revolver à la main, menaçant les assiégés. Il est ajusté par un des gendarmes à figure patibulaire. L'imperturbable Curé s'avance résolument, et crie d'une voix tonnante : « Ne tirez pas, gendarme, ou tirez sur moi ! »

— Vous êtes un méchant, lui crie le gendarme ; c'est vous qui animez vos gens contre nous. Je suis meilleur Chrétien que vous.

— Pardon, Monsieur, c'est moi qui, au contraire, prêche la paix et l'ordre. Messieurs, nous sommes vaincus honorablement, et nous nous rendons.

Et, s'adressant aux assiégés : « Mes amis, cessez toute résistance. Une fois de plus, la force prime le droit. »

Et vous, Messieurs, se tournant vers l'agent et les gendarmes : « Bien que vainqueurs, vous êtes nos prisonniers ; mais ne craignez rien, nous ne sommes pas des révoltés. Je réponds de vous tous ; il ne vous arrivera aucun mal. »

« Quant à vous, M. le Percepteur, réglez vite votre inventaire... Je crains des accidents au dehors, il faut que je sorte. Si vous tenez à être en sûreté, Messieurs, suivez-moi vite. Présent, je réponds de votre sécurité : absent, je ne garantis rien. »

Pendant que l'on débarricade une des portes de la Sacristie, le Percepteur fait semblant d'écrire quelque chose dans l'Eglise, en regardant à droite et à gauche. Mais il pense bien à autre chose. Arrivé à la Sacristie, il jette un coup d'œil circulaire sur le mobilier -- qui n'est pas riche --- et suit prestement M. le Curé, non sans regarder derrière lui si les gendarmes sont là. Agent et gendarmes suivent le Pasteur comme un troupeau de moutons. C'est comique !... Et voilà ce qu'on appelle un inventaire fait !...

M. le Curé conduit en lieu sûr, au milieu des soldats, le brave M. Petit, qui disparait bien vite avec son éloquence, sous les huées de la foule.

M. le Curé calme ses paroissiens, malgré leur colère, et, remarquant que les gendarmes à cheval se retirent lentement, pendant que certains lancent des pierres et des morceaux de bois sur les chevaux. « Mais, que faites-vous donc là, Messieurs ? clame-t-il d'une voix impérieuse. Tout est fini. Pourquoi provoquer plus longtemps mes Paroissiens ? Allez-vous-en !!! »

Ils disparaissent au galop. « Vive le Curé ! » Le calme renait dans la foule indignée ; et comme la nuit approche, M. le Curé remet le Salut d'expiation à dimanche soir. « Je bénis, dit-il avant de se retirer, après avoir félicité et remercié la foule, je bénis le Sacré-Cœur de ce qu'il n'y a aucun accident sérieux. Si ce n'est pas un miracle, c'est au moins un prodige.

Vive Torchamp ! Vive le Sacré-Cœur !

Nous avons emporté chacun une relique de la porte brisée et du vitrail. On se souviendra de tout cela longtemps, et surtout quand il faudra voter : on sait qui a défendu le Bon Dieu et son Église, et qui ne l'a pas défendu.

A bas ! A bas les francs-maçons !

Vive le Sacré-Cœur, qui nous a protégé et qui nous sauvera ! Vive l'Église ! Vive la France !

UN TÉMOIN.

——※——

Alençon. — IMPRIMERIE ALENÇONNAISE, 11, rue des Marcheries.

www.ingramcontent.com/pod-product-compliance
Lightning Source LLC
Chambersburg PA
CBHW050433210326
41520CB00019B/5904